AF357712

VENTE

DU

Jeudi 5 Décembre 1901

HOTEL DROUOT, SALLE No 6

à 2 heures 1/2

❀

TABLEAUX MODERNES

COMMISSAIRES-PRISEURS

Me PAUL CHEVALLIER | Me LAIR-DUBREUIL

EXPERT

M. GEORGES PETIT

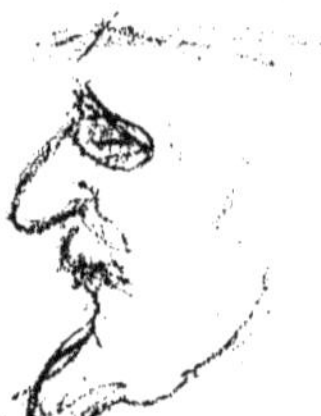

CATALOGUE

DE

Tableaux Modernes

PAR

ALBERT, CAILLEBOTTE, FANTIN
GUILLAUMIN, LEBOURG, MONET, PISSARRO
SISLEY, VIGNON, VOGLER

ET DONT LA VENTE AURA LIEU

HOTEL DROUOT, SALLE N° 6

Le Jeudi 5 Décembre 1901

A 2 HEURES 1/2

COMMISSAIRES - PRISEURS

Mᶜ PAUL CHEVALLIER | **Mᵉ LAIR-DUBREUIL**
10, rue Grange-Batelière, 10 | 6, rue de Hanovre, 6

EXPERT

M. GEORGES PETIT

12, rue Godot-de-Mauroi, 12

EXPOSITION

Le Mercredi 4 Décembre 1901, de 1 h. 1/2 à 5 h. 1/2

CONDITIONS DE LA VENTE

Elle sera faite au comptant.

Les acquéreurs payeront *dix pour cent* en sus des prix d'adjudication.

Paris. — Imp. Georges Petit, 12, rue Godot-de-Mauroi. — 11329-01

DÉSIGNATION

TABLEAUX MODERNES

ALBERT

1 — *Le Moulin, effet de neige.*

Toile. Haut., 54 cent.; larg., 65 cent.

CAILLEBOTTE

2 — *Le Pont de fer.*

Toile. Haut., 84 cent.; larg., 1 m. 23.

FANTIN

3 — *La Nymphe.*

Vue de dos, entièrement dévêtue, elle aspire
à se plonger en la rivière tranquille qui coule
doucement à ses pieds.

Signé à gauche, en bas.

Toile. Haut., 18 cent.; larg., 30 cent.

FANTIN

4 — *La Sieste.*

Trois femmes, vêtues de draperies bleues et rouges, causent au pied d'un arbre, dont les ramures touffues les abritent contre les chauds rayons d'un soleil d'été.

Signé à droite, en bas.

Toile. Haut., 36 cent. 1/2 ; larg., 27 cent.

FANTIN

5 — *Le Bouquet de fleurs.*

Signé à gauche, en haut.

Toile. Haut., 32 cent.; larg., 40 cent.

FANTIN

6 — *Les Pêches.*

Signé à droite, en haut, et daté : 70.

Haut., 16 cent. 1/2 ; larg., 25 cent.

GUILLAUMIN

7 — *La Tour de Montlhéry.*

Toile. Haut., 59 cent.; larg., 73 cent.

GUILLAUMIN

8 — *Le Vallon.*

Toile. Haut., 65 cent.; larg., 80 cent.

LEBOURG

9 — *Bougival, en été.*

Toile. Haut., 46 cent.; larg., 65 cent.

LEBOURG

10 — *La Seine, vue des hauteurs de Sainte-Adresse.*

Toile. Haut., 46 cent.; larg., 65 cent.

LEBOURG

11 — *Bords de la Seine, effet d'automne.*

Toile. Haut., 47 cent.; larg., 66 cent.

LEBOURG

12 — *Une Rue à Bonnières, en été.*

Toile. Haut., 46 cent; larg.,. 64 cent.

LEBOURG

13 — *La Seine à Rouen, en hiver.*

Toile. Haut., 46 cent.; larg., 65 cent.

LEBOURG .

14 — *La Côte Sainte-Catherine, à Rouen.*

Toile. Haut., 46 cent.; larg., 65 cent.

LEBOURG .

15 — *L'Ile Lacroix, à Rouen, effet du matin.*

Toile. Haut., 46 cent ; larg., 76 cent.

LEBOURG

16 — *Villaines, le matin, en automne.*

Toile. Haut., 46 cent.; larg., 73 cent.

LEBOURG

17 — *Triel, effet du matin.*

Toile. Haut., 5o cent.; larg., 73 cent.

LEBOURG

18 — *A Bougival, en hiver.*

Toile. Haut., 46 cent. ; larg., 75 cent.

LEBOURG

19 — *Vieille Ferme au bord de la Seine.*

Toile. Haut., 50 cent.; larg., 73 cent.

LEBOURG

20 — *Le Chemin dans la plaine, effet du matin.*

Toile. Haut., 56 cent.; larg., 38 cent.

CLAUDE MONET

21 — *La Place du village.*

A droite et à gauche, des maisons en partie masquées par les frondaisons des arbres de la petite place ; au fond, l'entrée d'une rue où stationnent quelques habitants.

Signé à droite, en bas.

Toile. Haut., 54 cent.; larg., 65 cent.

CLAUDE MONET

22 — *Le Pommier dans la vallée.*

Signé à droite, en bas, et daté : *1873.*

Toile. Haut., 54 cent.; larg., 64 cent. 1/2.

PISSARRO

23 — *Une Batterie à Montfoucault (Mayenne).*

Dans l'aire de la ferme, les moissonneurs dépiquent les gerbes de blé; à droite, une machine à battre qu'actionnent deux robustes chevaux blancs.

Signé à gauche, en bas, et daté : *77.*

Toile. Haut., 54 cent.; larg., 65 cent.

SISLEY

24 — *A Saint-Mammès, en été.*

Au fond, à droite, les maisons du village découpent leurs silhouettes sur le ciel bleu où courent quelques nuages; à gauche, on aperçoit la Seine, sur un des bords de laquelle un chaland est échoué.

Signé à droite, en bas, et daté : *85.*

Toile. Haut., 55 cent.; larg., 74 cent.

SISLEY

25 — *Le Soir*, *fin de septembre*.

Au premier plan, dans le vaste champ que borde, à gauche, une ligne d'arbres, se dresse un châtaignier robuste dont les frondaisons se dorent aux rayons du soleil couchant; au fond, à droite, d'autres arbres encore, au pied de la colline, qui masque en partie l'horizon.

Signé à droite, en bas, et daté : *86*.

Toile. Haut., 65 cent.; larg., 92 cent.

SISLEY

26 — *Le Loing, à Moret, après-midi de mai.*

La rivière, où se reflètent les silhouettes de grands arbres, coule tranquille entre deux verdoyantes berges; au centre, l'église de Moret dresse son élégant clocher vers le ciel.

Signé à gauche, en bas.

Toile. Haut., 38 cent.; larg., 55 cent.

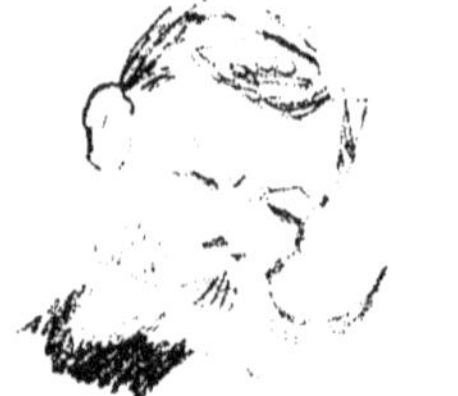

SISLEY

27 — *La Seine, à Saint-Mammès.*

Les deux berges descendent en pente douce
vers le fleuve, où se reflètent les toïts rouges
de quelques maisons; au fond, à gauche, des
chalands sont amarrés.

Signé à droite, en bas.

Toile. Haut., 38 cent.; larg., 55 cent.

SISLEY

28 — *Gelée blanche, à Moret.*

Signé à gauche, en bas, et daté : *88.*

Toile. Haut., 38 cent.; larg., 56 cent.

V GNON

29 — *La Rentrée du troupeau.*

Toile. Haut., 38 cent.; larg., 46 cent.

VIGNON

30 — *La Gardeuse de vaches.*

Toile. Haut., 54 cent.; larg., 80 cent.

VIGNON

31 — *Le Chemin du hameau.*

Toile. Haut., 46 cent.; larg., 55 cent.

VIGNON

32 — *Le Village, au soleil couchant.*

Toile. Haut., 5o cent.; larg., 5ı cent.

VOGLER

33 — *Les Meules.*

Toile. Haut., 63 cent.; larg., 77 cent.

VOGLER

34 — *La Neige, à Gaillonnet.*

Toile. Haut., 54 cent.; larg., 65 cent.

VOGLER

35 — *Chantier de bateaux, à Meulan.*

Toile. Haut., 6o cent.; larg., 73 cent.

VOGLER

36 — *Une Rue à Montmartre.*

Toile. Haut., 60 cent.; larg., 73 cent.

VOGLER

37 — *La Route, effet d'automne.*

Toile. Haut., 60 cent.; larg., 73 cent.

VOGLER

38 — *Voilier, à Meulan.*

Toile. Haut., 60 cent.; larg., 81 cent.

VOGLER

39 — *Le Chemin du village, effet d'automne.*

Toile. Haut., 65 cent.; larg., 81 cent.

VOGLER

40 — *Le Chantier du Pont, en hiver.*

Toile. Haut., 65 cent.; larg., 81 cent.

VOGLER

41 — *Bords de rivière, le matin.*

Toile. Haut., 50 cent.; larg., 61 cent.

VOGLER

42 — *Le Chemin dans la plaine, au prin-
temps.*

Toile. Haut., 54 cent.; larg., 65 cent. *260*

DETAILLE

43 — *Étude de Cuirassiers.*

Dessin sur papier crème.

Signé à droite, en bas.

Haut., 15 cent.; larg., 20 cent.

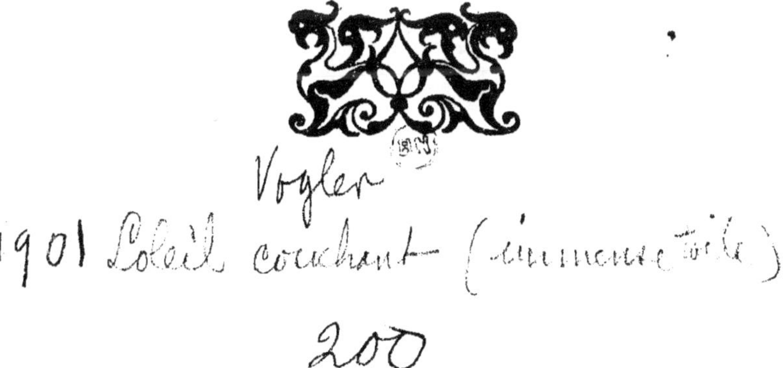

Vogler
1901 Soleil couchant (immense toile)
200

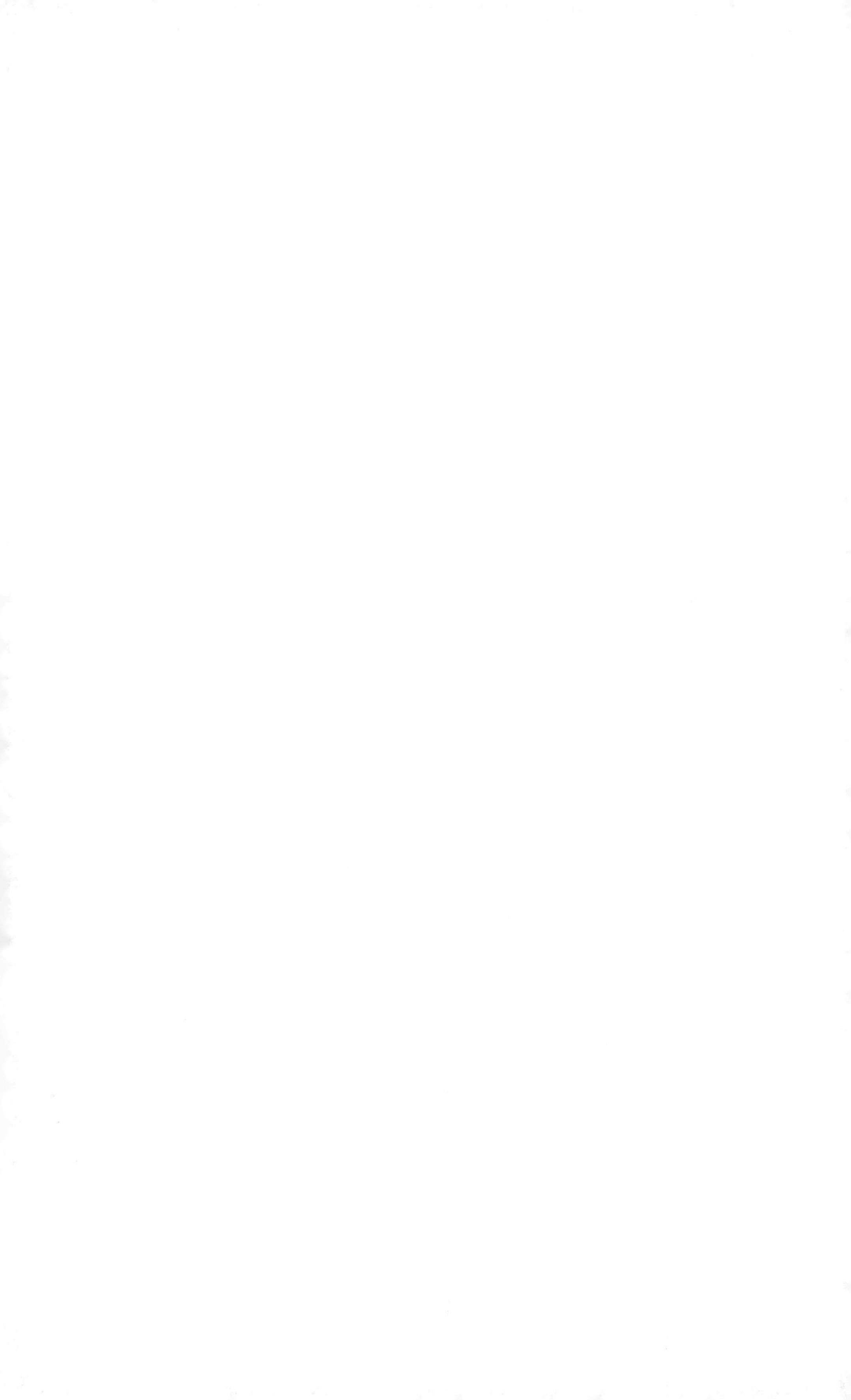